NOTICE

SUR

UN AVEUGLE SOURD ET MUET.

C.

NOTICE

sur

UN AVEUGLE SOUR ET MUET,

Lue à la Société Philomathique de Perpignan,

Dans sa Séance du 7 Février 1838.

Dans la petite commune de Passa, département des Pyrénées-Orientales, existe un être sur qui la nature semble avoir voulu épuiser toutes ses rigueurs. Cet infortuné, à qui il ne reste plus, pour communiquer avec ses semblables, que des mains calleuses et grossières, mérite d'autant plus de fixer l'attention des naturalistes et des philosophes, que non seulement il donne une idée de ce que peut l'intelligence humaine abandonnée à elle-même, et sans le concours de ceux de nos sens qui servent le plus à la stimuler, mais qu'il nous offre aussi la mesure de l'empreinte que laissent dans l'âme les idées morales, long-temps avant que celle-ci ait pu en concevoir la portée et la valeur.

Simon, dit l'aveugle, fils d'un pauvre cultivateur, et âgé d'environ vingt-six ans, fut frappé de cécité, de surdité et de mutisme à la suite d'une maladie grave dès l'âge le plus tendre. L'époque bien précise à laquelle il fut réduit à cet état affreux d'isolement et de silence n'est pas exactement connue, mais il est très certain que ce fut vers l'âge de trois ans. On sait que le jeune infortuné parlait déjà quand cette maladie le saisit. A la campagne, lorsqu'un enfant est parvenu à l'âge de deux ans à deux ans et demi, non seulement il parle bien, mais il est fort, marche seul, va partout, et ses parens en s'absentant de la maison, l'abandonnent à lui-même dans la rue avec les autres enfans ; avant le terme où l'appareil locomoteur a acquis toute cette force et cette solidité, certains parens pour empêcher l'enfant de sortir de la maison en leur absence, ce qui l'exposerait à des dangers qu'il ne pourrait pas éviter, l'attachent par les jambes au pied d'une table, au moyen d'une corde assez longue pour lui permettre de se traîner par toute la chambre : Simon en était encore à ce moment de la première enfance, quand il fut frappé de la maladie qui lui fut si fatale, ce qui suppose l'âge de deux ans et demi ou trois ans au plus. J'insiste sur ces circonstances, parce qu'il est très important de bien établir le temps où l'intelligence du malheureux reçut les germes qui devaient être fécondés plus tard, et parce que son état actuel montre quelle est la puissance des impressions morales que l'âme reçoit déjà à un âge aussi tendre, impressions qui, purement mécaniques d'abord, se sont développées ensuite de leur propre semence quand le besoin de se rendre raison de ce qui se passait autour de lui, força le pauvre enfant à se replier sur ses premières sensations.

Simon aime la propreté, et n'est pas insensible à la vanité. Soigneux de faire réparer les déchirures survenues à ses vêtemens, du drap un peu plus fin, une casquette plus élégante le flattent beaucoup ; et si dans le costume d'un autre il palpe quelque chose qui ne soit pas dans le sien, il ne cache pas le dépit que lui fait éprouver l'espèce d'infériorité dans laquelle le place cette différence par rapport aux autres personnes de sa classe ; car du reste il a des idées très exactes sur l'inégalité des rangs sociaux, et il sait très bien graduer en conséquence ses marques de considération, de déférence ou de respect. Il reconnait au tact tous les habitans, tant de sa commune que des lieux voisins avec qui il est en connaissance ; et celui qu'il a traité familièrement jusque-là, s'il est promu aux fonctions de maire ou d'adjoint, ce qu'on lui indique par le signe de l'écharpe, celui-là devient pour lui l'objet d'un respect dont il ne se départ plus tant qu'il conserve sa magistrature.

Sous le rapport de l'adresse, Simon fait tout ce qu'il est possible de faire quand on n'a pour guide que l'instinct, pour conseil que le sens du toucher, pour outils qu'un couteau, des clous gros ou petits et des objets semblables.

Il nettoie les harnais des chevaux , en fourbit les cuivres et sait très bien reconnaître au doigt les parties qui ne sont pas aussi brillantes que les autres. Un appartement n'est jamais mieux balayé que quand c'est lui qui s'en charge, et il gronde par ses grognemens , les servantes quand elles ont laissé quelque légère saleté en balayant elles-mêmes. Il devide les écheveaux les plus difficiles , et on lui laisse le soin de démêler les plus embrouillés ; ce n'est pas que Simon soit plus posé et plus patient qu'un autre ; au contraire , très vif et pétulant, son activité inquiette, qui ne peut s'épancher que par des mouvemens continuels , ne le laisse jamais en repos : il s'impatiente , se dépite , trépigne , mais n'abandonne jamais ce qu'il a entrepris qu'il ne l'ait mené à terme. Un dé en or ayant été égaré un jour par l'une des filles de Madame J.... (qui l'ayant recueilli quand il se trouvait à peu près délaissé par ses parens , après le malheur qui n'en fesait plus pour eux qu'une inutile charge, l'a toujours gardé dans sa maison), après de longues et inutiles recherches de la part de tous les domestiques , on fit comprendre cet accident à l'aveugle , et l'aveugle sut retrouver l'objet perdu.

Simon répare quelquefois lui-même ses vêtemens , et il le fait avec adresse ; pour enfiler son aiguille il la présente devant sa bouche, en tate le trou avec la langue, et y glisse la pointe du fil (A). Il s'est fabriqué lui-même avec quelques planches une armoire, à la porte de laquelle il a attaché une serrure dont il garde et cache soigneusement la clef, parceque c'est-là qu'il serre ses nippes , et surtout son argent dont il connaît très bien le prix. Distinguant

(A) Cette circonstance me rappelle un homme , qui , né sans bras et sans jambes et n'ayant qu'une main attachée à une épaule , sans intermédiaire , découpait une fleur sur du papier , en tenant les ciseaux avec sa langue et sa lèvre inférieure qu'il allongeait comme un doigt. Cet homme existait à Messine en 1807 , où je l'ai vu exécutant une foule de petits travaux et entr'autres celui dont je parle. Il avait commencé par peindre , fort grossièrement comme on le pense , cette fleur en tenant le pinceau avec ses lèvres.

facilement le cuivre de l'argent, et la valeur des différentes pièces de monnaie entre-elles, il sait quel est le prix des services qu'il peut rendre, et que quelques sous en sont le payement. Il reçoit avec plaisir des petits enfans de sa maîtresse le don de quelque légère monnaie d'argent, mais il n'accepterait pas d'eux une offrande plus considérable, une pièce de cinq francs, par exemple : la main des père et mère peut seule, dans ses idées, se permettre une semblable générosité envers lui.

Simon a été sur le point de manquer une fois, on le suppose du moins, à l'extrême probité qui le caractérise. Il se glissait furtivement, à travers la haie, dans le jardin de sa maîtresse, quand il en fut empêché par deux douaniers qui le connaissaient et qui le menacèrent de la prison. Plein de trouble, il alla se jeter au pieds de madame J..., qui ne comprit bien ce qu'il voulait lui exprimer que quand elle eut appris par ces mêmes douaniers ce qui s'était passé. Peut-être, au reste, a-t-on supposé à tort une intention coupable; l'obstination que mit Simon à ne pas dire ce qu'on présume qu'il allait dérober et à ne pas désigner la personne qui l'aurait poussé à cette mauvaise action pourrait bien ne montrer, dans cette tentative à s'introduire à travers la haie dans un jardin où il lui était libre d'entrer par la porte à toutes les heures du jour, qu'une sorte d'espiéglerie que la peur que lui firent les douaniers, en faignant de l'arrêter, a pu lui faire considérer comme une faute. Ce qu'on sait très-bien, c'est qu'il se reprocha amèrement cette faute, car pendant plusieurs jours son extrême agitation annonça le trouble de sa conscience.

Simon sonne la cloche de l'église et en différencie les tintemens, suivant les circonstances de messe, vêpres, baptême ou enterrement. Un livre mis dans ses mains lui en a-t-il remémorié l'usage? il le tient ouvert sous ses yeux, semble y lire et tourne les feuillets par intervalles.

Si l'on considère que les seuls moyens de se faire entendre de ce pauvre aveugle-sourd et muet se réduisent à quelques attouchemens sur sa personne et dans ses mains, attouchemens qui ne sont assujettis à d'autres règles qu'à l'idée que se fait l'interlocuteur qu'il se fera mieux comprendre par tel signe que par tel autre, on sera émerveillé de la prodigieuse intelligence de cet infortuné qui se trouve forcé de se composer autant de langages, pour ainsi dire, et autant de dictionnaires qu'il y a de personnes en rapport avec lui ; et ceci est si vrai, que si un nouvel individu veut entrer en communication avec lui , il se passe quelque temps avant que Simon puisse le bien comprendre. Une fois initié , quoi que ce soit qu'on veuille lui dire , son intelligence va au devant des signes et devine tout, et on peut lui faire remplir des commissions fort compliquées, en voici un exemple : des demoiselles étrangères à Passa se trouvaient dans cette commune ; mademoiselle F. J. . chargea l'aveugle d'aller de sa part engager l'une de ces demoiselles , qu'elle désigna, à venir avec son ouvrage passer la soirée chez elle : cette commission très-bien comprise fut exécutée à la lettre.

Simon reconnait au tact toutes les personnes de sa commune et des environs, et les désigne chacune par un signe quelconque ; il prend un air réservé s'il s'aperçoit que celle qu'il palpe ne lui est pas connue. S'il parle d'un enfant , il ajoute au signe du père celui de la taille de l'enfant, et il compte avec ses doigts le rang numérique de la naissance de cet enfant , s'il y en a plusieurs , et levant plus ou moins la main en réservant toujours la plus haute taille pour le père, quand même la stature de l'enfant serait plus élevée. Il apprécie parfaitement le temps et les distances ; il connait les jours de la semaine et sait combien il y a d'heures de chemin de la commune qu'il habite aux lieux circonvoisins. Il soigne les chevaux et les mène à l'abreuvoir aux heures réglées , sans jamais se tromper ; il charge le fumier sur les charrettes , et bêche le jardin en arrachant avec soin les mauvaises herbes et ménageant les bonnes. Comme il bêchait un carré de fraisiers , la fille de sa maîtresse en arracha un plant qu'elle lui mit dans la main ; il protesta aussitôt que ce n'était pas de son fait, et se fâcha du soupçon conçu contre son adresse. Il faudrait rapporter sa vie entière si on voulait énumérer les preuves de son intelligence. En voici quelques traits d'une autre nature : conduit il y a quelques mois à Perpignan, il entra, en la compagnie des personnes qui l'avaient amené , chez un marchand de fer, et là il reconnut et expliqua par ses signes l'usage de tous les outils, instrumens et autres articles de fer, qu'on s'amusait à lui faire palper, quoique ce fût pour la première fois qu'il touchât ces sortes d'objets dont il n'avait eu jusque-là aucune idée. Ce fait, qui m'avait été rapporté par des témoins oculaires, m'a été encore confirmé par le marchand de fer lui-même.

Simon sait toute la reconnaissance qu'il doit à la femme respectable qui l'a accueilli dans son infortune et qui n'a cessé de pourvoir à son existence, et cette reconnaissance il la témoigne autant qu'il lui est donné de pouvoir le faire. Une chûte cruelle ayant été suivie d'une fracture du fémur chez cette dame, dont l'âge avancé ne permit pas au calus de se bien consolider, une claudication pénible en a été la conséquence. Simon met la plus soigneuse attention à enlever sur le passage de cette dame, partout où il sait qu'elle peut aller, toutes les petites pierres, les plus légères parcelles de bois, tout ce qui pourrait, en occasionnant la moindre inégalité sous son pied, rendre sa marche plus pénible.

Une des filles de madame J.... habite Perpignan et va de temps en temps voir sa mère à Passa. Simon aime beaucoup cette dame, et c'est une joie pour lui que d'apprendre sa prochaine venue. Au jour précis de son arrivée, il ne manque pas de se porter à sa rencontre à une assez grande distance du village. Muni d'un long roseau, il se place dans un des fossés qui bordent la route et étend son roseau en travers du chemin. Dans cette position, il attend qu'une certaine sensation que le roulement de la voiture occasionne dans l'air, apparemment, soit transmise à sa main par le roseau, et lui annonce l'approche de cette voiture. Quand cette sensation lui est parvenue, il se lève pour se faire apercevoir du cocher, qui arrête alors ses chevaux et le touche du bout du fouet ; dès qu'il se sent ainsi touché il s'élance à la tête des chevaux, qu'il embrasse, et va tout joyeux s'asseoir derrière la voiture pour se faire porter au village, ce qui est un bonheur pour lui.

Mad J..., ayant dû s'absenter de Passa, Simon, par un motif qu'on ne peut pas connaître, partit de la maison le jour même du départ de cette dame et n'y revint que le jour de son retour : on sut qu'il était allé passer ce temps dans une métairie du voisignage, où il remplissait tous les travaux qu'on exigeait de lui pour prix de la nourriture qu'on lui donnait.

Couché dans une grange, hors de la maison, avec des travailleurs qui, par malice, ne l'éveillaient pas au moment où ils se levaient et où, avant d'aller au champ, ils allaient manger la soupe, ce qui la lui fesait ensuite trouver froide quand il descendait, Simon eut recours à l'industrie pour être à la cuisine en même temps qu'eux; il attacha au loquet de la porte de cette grange, du gros fil qu'il fit remonter au grenier à travers un intervalle existant entre les planches nues du plancher et la face intérieure de la muraille, et au moyen de clous qu'il planta, il conduisit ce fil au dessus de son lit, en le faisant descendre juste au point où une pierre attachée au bout de ce même fil, pourrait toucher ses pieds quand le loquet serait soulevé. Averti par ce mécanisme, qu'il avait si bien dissimulé qu'on fut long-temps à le découvrir, il s'asseyait à table presque aussitôt que les travailleurs, au grand étonnement de tous.

Voici d'autres traits de son intelligence dont il est plus difficile de se rendre raison.

Simon sait qu'il existe des gendarmes, et comme ses idées sur le juste et l'injuste et sur la justice distributive paraissent bien exactes, il sait que les fonctions de ces gendarmes sont d'arrêter les malfaiteurs et de concourir à l'exécution des lois, dont il paraît avoir le sentiment, autant qu'on peut en juger par le peu de faits sur lesquels on a pu établir ces présomptions. Il sait encore qu'il faut être soldat à un certain âge, et qu'ayant tiré au sort lui-même il aurait pu le devenir si son infirmité ne l'en avait affranchi d'avance. Comment a-t-il pu se rendre compte de tout cela? c'est ce que l'insuffisance du langage qui le met en rapport avec les hommes rendra à jamais un mystère impénétrable. Quelques détachemens qui se sont trouvés cantonnés à Passa ont bien pu lui faire prendre, par le toucher, quelque idée du métier de soldat, mais non pas de la nécessité de le devenir à vingt ans.

Ce n'est pas tout. Si l'on place un fusil entre les mains de Simon, il se met à faire l'exercice. Un petit coup du

bout de doigt sur son épaule est le commandement pour
passer d'un temps à un autre , et il parcourt ainsi tous les
mouvemens de l'école du soldat, jusqu'au coup de feu
inclusivement : pour la détonation , il pousse une sorte
de glapissement guttural. Il est probable que les mouvemens automatiques du maniement du fusil il les a appris
en jouart avec d'autres enfans , qui ont pu lui enseigner
les différentes positions du bâton ou du roseau en guise
de fusil ; quant au bruit de la détonation , il est assez vrai-
semblable qu'on lui aura fait quelquefois décharger une
arme , et que l'explosion s'est faite sentir à lui par cette
sensation que les sons extérieurs impriment d'une manière très confuse à la membrane du tympan chez les
sourds-muets.

Un jeune militaire de Passa en congé devant rejoindre
son régiment , un gendarme envoyé pour lui en donner
l'ordre ne le trouva pas dans la commune et s'en retourna
après avoir fait part de son mandat au maire. Simon qui
le sait se porte à la rencontre de ce jeune homme , quand
il sent le moment où il doit revenir chez lui, et il lui expli-
que tout ce qui s'est passé ; il feint de tirer un rouleau du
cylindre de fer-blanc dans lequel les militaires en congé
renferment d'ordinaire leurs papiers , lui fait entendre
qu'un gendarme", dont il figure sur lui-même le costume
par des gestes rapides et expressifs , est venu ; qu'il doit ,
lui, militaire, se rendre à Elne , qu'autrement les gendarmes l'arrêteront , et il se saisit lui-même par ses vêtemens
sur la poitrine, comme si on l'empoignait.

Simon reconnut un jour que pendant que le maire de
sa commune , chez qui il entre familièrement comme
dans toutes les maisons du village , était absent, on lui
avait volé du blé ; dès que celui-ci est de retour il lui
dénonce le vol et les coupables. Comment avait-il pu
l'apprendre ? pour le savoir il aurait fallu le surveiller,
dans l'impossibilité de s'en faire rendre compte par lui-
même. Une semblable découverte faite par un homme
dans sa position , paraissant trop extraordinaire pour y
croire légèrement, on fait comprendre ces doutes à Simon,
qui fait alors suivre pas à pas les traces du vol , depuis la
porte de la rue jusqu'au grenier , au moyen de quelques

grains qu'il palpe sur ce chemin et fait remarquer, et il met ainsi sur les traces d'un larcin qui fut ensuite pleinement constaté.

Simon éprouva un chagrin très-vif à la mort de sa mère. Pendant toute la durée de la maladie qui amena cette funeste issue il ne la quitta pas un instant. A mesure qu'il sentait que la vie s'éteignait en elle, il se penchait sur sa bouche pour recevoir sur son visage le souffle de sa respiration. Dans les derniers momens, il cherchait avec une extrême anxiété et dans la plus grande agitation, tout le long du bras de la malade, les battemens du pouls, et consultait à tout moment son haleine. Quand enfin aucune impression de vie ne frappa plus son doigt ni sa figure : quand il fut bien convaincu que sa mère n'existait plus, il s'abandonna à toute sa douleur ; et pourtant il savait très-bien que sa mère l'avait à peu près abandonné dans sa propre infortune !

Tout ce qui précède tient à l'intelligence que j'appellerais mécanique : voici qui se rattache à un tout autre ordre d'idées, à l'intelligence spirituelle.

Simon sait qu'il faut chommer le dimanche et les fêtes, et il n'y manque pas. Il assiste à la messe avec un recueillement qui atteste qu'il est pénétré de la gravité de l'acte religieux auquel il participe. Aux mouvemens qu'il sent autour de lui, il connait s'il faut se lever pour la lecture de l'évangile ou s'incliner pour l'élévation. Ceci ne serait encore que de l'imitation ; mais ce qui ne l'est pas, c'est l'attitude toute mystique qu'il prend dans cette dernière circonstance, l'air de componction avec lequel il se tient prosterné et frappe sa poitrine. Ceci ne saurait être seulement de l'imitation, car il y a aussi du sentiment, et le sentiment ne se palpe pas. A voir alors cet infortuné, on croirait que de tous les assistans c'est lui qui comprend le mieux tout ce qu'a d'auguste le mystère qui se célèbre ; et si autour de lui quelqu'un s'agite dans ce moment, il le tire par ses habits pour le forcer au recueillement que cet acte impose. Cependant, quelque puissante que soit l'énergie de son intelligence, quelle que soit la subtilité de pénétration de son esprit pour s'emparer de tout ce qu'on veut lui communiquer relativement aux actes de la vie,

avec des moyens aussi bornés que ceux qu'on a pour se
mettre en communication avec lui, jamais on n'aurait
pu arriver jusqu'à lui inculquer des idées religieuses,
parceque ces idées sont d'un ordre métaphysique, et
qu'abstraites, elles ne pourraient être transmises à l'entendement par de simples attouchemens sans des études longues et profondes entre le maître et l'élève. Ce qui, à cet
égard, se passe chez Simon ne peut donc être que le
produit de la réflexion à la suite du développement ulté-
rieur, dans les cases de son cerveau, de ce qui a pu frapper
sa vue ou son ouïe à cette époque de la première enfance
où les idées morales ne sont pas supposées devoir y laisser,
sinon aucune impression, du moins une impression du-
rable. Ce qui me semble venir à l'appui de ce dépôt du
genre des idées abstraites dans le cerveau avant que l'esprit
puisse les saisir, c'est que Simon connait et distingue très
bien ceux des sacremens qu'il a pu voir mettre en pratique
avant son accident. Ainsi, en jouant, il y a bien des
années, à faire la chapelle avec le plus jeune des fils de
M. J... de P... il leur vint dans la fantaisie de donner
l'extrême-onction à une servante qu'une indisposition
retenait au lit, et comme cette servante refusait de se
prêter à ce jeu, Simon lui donna un soufflet, lui exprimant
par ses gestes que quand on recevait ce sacrement, il
fallait être immobile dans son lit, comme mort. Ce n'est
pas dans ses jeux avec un enfant qui était plus jeune que lui,
que Simon aurait pu prendre une idée si exacte de la partie
matérielle du sacrement, et surtout de cette idée de mort qui
s'y rattache ; cette idée existait donc déjà dans son entendement. Monseig. l'Évêque de Perpignan se rendant à
Passa, pour administrer le sacrement de la confirmation,
Simon se donnant un coup sur la joue et mettant ses mains
sur ses yeux et ses oreilles, fit comprendre que sa situation
l'empêchait d'y participer comme les autres. Il indique le
sacrement du mariage en réunissant deux doigts d'une
main et les pressant et serrant avec l'autre main, et en
ajoutant à ce geste le signe de la bénédiction nuptiale :
c'est ainsi qu'il a compris, il y a un an, que deux des
petits-enfans de sa maîtresse se mariaient ensemble, et
qu'il a fait son compliment aux deux époux. Il sait très

bien aussi qu'à la suite de la noce vient le festin ; c'est ce qu'il exprimait par le geste de tourner la broche, en multipliant avec une grande satisfaction les signes de manger et se frappant avec les deux mains sur le ventre.

Un Chapelet mis entre les mains de Simon ne lui dit rien, parce qu'il ne peut pas avoir l'idée des prières qu'indique chaque grain ; mais il sait que c'est un objet de dévotion, et il baise avec respect la croix qui le termine; pourquoi ce baiser sur cette croix ? est-ce parce qu'avant son accident il avait vu les cérémonies religieuses et la vénération qu'on avait pour ce signe; est-ce une simple habitude qu'on lui avait fait prendre dans son extrême enfance et qui s'est perpétuée en lui ? Quelle que soit la vraie de ces deux causes, toujours est-il qu'il y a au fond de cela un sentiment, sentiment qui doit prendre sa source dans les idées qu'il se forme de ce signe religieux et qu'on ne peut pas lui avoir communiqué pas de grossiers attouchemens. Je me rappelle d'avoir lu dans le dictionnaire des sciences médicales qu'un enfant allaité en Provence et transporté à Paris avant que sa langue eût pu articuler des mots, les premiers qu'il prononça furent de l'idiome provençal, le seul que lui parlait sa nourrice avant d'en être séparé. Cet exemple a prouvé que l'impression des sons combinés se grave dans le cerveau avant que la langue puisse en essayer l'imitation ; l'exemple de Simon ne prouve-t-il pas, à son tour, que les idées morales et les idées abstraites s'y impriment de même, et que c'est-là un germe que la réflexion fait ensuite fructifier. Pour l'enfant qui voit, parle et entend, ou qui dans la privation de l'une de ces facultés possède encore les autres, ce germe, constamment excité et nourri chaque jour par de nouvelles leçons, se développe sans qu'on s'en aperçoive au milieu des distractions qui entourent l'enfance ; mais chez l'être moralement isolé en lui-même, cette germination, qui n'est secondée et stimulée que par les réflexions jamais interrompues que lui impose le silence universel au milieu duquel il se trouve, est obligé de tirer tous ses sucs de sa propre substance. Sans son accident, Simon ne serait peut-être qu'un paysan d'une intelligence fort ordinaire ; obligé d'être sans cesse recueilli en lui-même, d'alimenter sans relâche son intelligence des souvenirs de ses premières sensations, de faire un usage habituel, constant, incessant de la réflexion, de l'appliquer à tout pour parvenir à se rendre raison de tout, pour comprendre par anticipation et deviner sur quelques simples indices tout ce qui est du domaine de la vie sociale, pour se donner une existence intellectuelle afin d'échapper à l'isolement absolu, universel qui le menaçait, Simon est devenu, comparativement, un être supérieur. Mais si cet infortuné a pu pénétrer dans la profondeur des idées de la divinité, s'il a pu concevoir que la réunion périodique des hommes dans un local spécial a pour objet de rendre hommage à cette divinité ; si d'après quelques bien vagues, et sans doute bien informes souvenirs, il a pu comprendre qu'au milieu de ces hommages que les hommes rendent ainsi en commun à Dieu, il est un moment où il se passe quelque chose de plus particulièrement auguste, quelque chose dont il est impossible qu'il puisse avoir l'idée, mais que sa raison lui montre sans doute comme mettant la créature dans un rapport plus intime avec le créateur, il semble impossible de ne pas reconnaître, avant tout, la préexistence d'une tendance naturelle à des sentimens religieux, la réalité d'idées de vérités éternelles innées dans notre cœur, ainsi que l'ont pensé quelques philosophes.

Je ne pousse pas plus loin les détails sur cet être phénoménal. Cette succincte notice, dans laquelle je me suis strictement renfermé dans le rôle d'historien, peut suffire, je pense, pour appeler l'attention sur un point de psycologie si important à méditer, puisqu'il prouve que tout ce qui frappe l'enfance dès que les organes de la vue et de l'ouïe peuvent jouir de leur faculté de transmission des objets et des sons extérieurs, jette déjà de profondes racines dans le *Sensorium*, et que, par conséquent, l'éducation morale commençant, en quelque manière, avec la vie, on ne saurait trop s'attacher à éviter de mettre de mauvais exemples sous les yeux de l'enfant dès l'époque même la plus tendre de son apparition dans le monde. Si nous considérons maintenant l'intérêt des sciences physiologiques, morales et naturelles, combien n'est-il pas à regretter que Simon, après que son éducation intellec-

tuelle s'est trouvée complettement développée d'elle-même
sur les rares germes déposés de si loin dans le champ de
son entendement, n'ait pas été placé dans un de ces instituts
si précieux , qui recommandent à la reconnaissance de
tous les âges, les noms vénérables des de Lépée et des Si-
card, où un maître patient et habile, parvenant à se faire
avec lui un langage complet, eût pu se faire rendre compte
de l'origine , du mode de développement de ses sensations,
et explorer ainsi son âme toute pure des mauvaises impressions reçues par les sens extérieurs , et telle , on peut le
dire , qu'elle est sortie des mains du créateur. Serait-il
trop tard encore pour l'entreprendre ? Je suis persuadé ,
quant à moi, que l'intelligence de Simon irait au devant
de l'instruction qu'on voudrait lui donner; et s'il en était
autrement, on aurait au moins rempli une sorte de devoir
en l'essayant; je m'estimerais bien heureux si la publicité
donnée à cette notice pouvait en faire naître la pensée.

D. M. J. HENRY.

P. S. Depuis que cette notice a été lue à la Société Phi-
lomathique, on m'a apporté une cage en roseaux fabriquée
par Simon , et aussi bien faite qu'il est possible de l'exécu-
ter avec un couteau et un clou pour tous instrumens ;
l'aveugle l'a même surmontée d'un moulin à vent, en bois.
Comme il avait estimé ce travail à cinq sous et qu'on
voulait lui en donner dix , il a obstinément refusé de
recevoir les cinq sous de surplus : il faut être aveugle-
sourd et muet pour faire preuve, par le temps qui court ,
de tant de désintéressement et de délicatesse. Ce pauvre
Simon a appris qu'il avait été question de lui dans le jour
nal du département, et il s'en est montré tout joyeux : un
grain de vanité est dans tous les cœurs !

A PERPIGNAN, chez Mlle. A. TASTU , Imprimeur-Libraire.

www.ingramcontent.com/pod-product-compliance
Lightning Source LLC
Chambersburg PA
CBHW061812040426
42447CB00011B/2603